瞭解你三歲的孩子

茱蒂絲·特洛維爾 著
(Judith Trowell)

盧美貴、朱菁 譯

三民書局

可以出去玩了呢?」代課老師說:「你簡直亂來,怎麼可以找人代替上課呢?」阿丹理直氣壯的說:「可以有『代課老師』, 為什麼不可以有『代課學生』呢?」

這個個案裡說明了當今教養與教育上的諸多問題,如果父母與老師瞭解孩子的發展與需求,也許「暴走族」的孩子就不會產生了。為了讓2000年的臺灣孩子有更生動活潑,以及更人性化的學習環境,上至教育部、教改會,下至民間各個團體紛紛卯足熱勁,扮起教育改革的「拼命三郎」。在參與及推動教育改革的過程中,我和一起工作的老師、父母們有快樂歡愉的經驗,但也有黯然神傷的時候,最重要的原因在於成人往往忽略孩子各個階段的發展與個別差異的需求,這也正是現今「教育鬆綁」窒礙難行之處,真愛孩子就必

須為孩子量身訂做適合孩子成長的學習環境。

　　三民書局為使父母與老師對孩子的發展能更瞭解與認識，同時對孩子的各種疑難雜症，能有「絕招」以對，將採由E. 奧斯朋(E. Osborne)主編「瞭解你的孩子」(*Understanding Your Child*)系列叢書，聘請學理與實務經驗俱豐的專家譯成中文以饗讀者。希望藉此，讓父母與教師在面對各個不同的個案時，能迎刃而解。同時在「琢磨」孩子的過程中，也能關照孩子的「本來」。

　　從初生到二十歲這一成長階段的關注與指南，在國內的出版品中仍屬少見。除了謝謝三民書局劉振強董事長及編輯同仁的智慧與愛心外，更盼你從這些「珍本」中，細體孩子追趕跑跳碰的童年，以及狂狷青少年的生理與心理上的種種變化與特徵。

愛孩子是要學習的，讓我們從認識孩子的發展與需要著手，然後真正的「因材施教」，使每個孩子健健康康、快快樂樂的成長與學習。

盧美貴

於臺北市立師範學院

民國85年8月1日

診所簡介

　泰佛斯多診所 (The Tavistock Clinic)， 1920
年成立於倫敦，以因應生活遭遇到第一次世界大
戰破壞之人們的需要。今天，儘管人與時代都已
改變了，但診所仍致力於瞭解人們的需要。除了
協助成年人和青少年之外，目前泰佛斯多診所還
擁有一個大的部門服務兒童和家庭。該部門對各
年齡層的孩子有廣泛的經驗，也幫助那些對養育
孩子這件挑戰性工作感到挫折的父母。他們堅決
表示成人要盡早介入孩子在其成長過程中所可能

出現的不可避免的問題；並且堅信如果能防患於未然，父母是幫助孩子解決這些問題的最佳人選。

　　因此，診所的專業人員很樂意提供這一套描述孩子成長過程的叢書，幫助父母們認識孩子成長過程中的煩惱，並提供建議以幫助父母思考其子女的成長。

著者

茱蒂絲・特洛維爾博士(Dr. Judith Trowell)
是一位專攻兒童精神病理的學者，她長期從事殘
障兒童的研究工作，並做過五年的全科醫生。她
創立了「瑪麗琳・門羅(Marilyn Monroe)兒童基金
會」，為生病的孩子及其家庭提供服務，並且擔
任「年輕的心(Young Minds)」學會主席。這一學
會的建立主旨在促進青少年及其家庭成員的心理
健康。特洛維爾博士發表了許多著作，包括與一
位律師合作完成的《兒童權益法》(Children's

Welfare and the Law)。茱蒂絲・特洛維爾博士任職於泰佛斯多診所的兒童家庭部,已婚並育有兩個已成年的孩子。

目錄

憤怒和大發雷霆／恐懼和做惡夢／獨立自主／

睡眠／飲食／如廁訓練

寵物／度假：陌生的地方／慰藉之物／令人尷

尬的問題：男孩和女孩／離婚與分居

前言

　　本書是有關孩子在三十六至四十八個月時的

生活狀況。這段時期，孩子已逐漸有了群體活動

的意識，開始團體活動或進入托兒所，樂意與其他孩子一起遊戲。三歲不到的孩子總喜歡兩兩相伴地在沙灘上玩，騎小三輪車，玩拼圖。但到了三歲時，孩子們會強烈的感覺到這類遊戲並不適合長時間跟別人一塊兒玩。這就意味著孩子們決定一起建造一座塔、玩賽車遊戲、或在自己挖掘的洞穴裡玩遊戲、或者一塊兒在溫蒂屋(Wendy House)裡玩。顯然，這個年齡層的孩子喜歡去大自然中冒險，願意暫時離開他們最熟悉的人，如爸爸或媽媽，並且也願意交朋友，與家庭之外的成年人建立一種情感上的默契。

此外，孩子在別的其他方面發展得很快，但有時也會出現停滯，甚至倒退的現象。譬如，大多數的三歲孩子已經不會尿濕褲子，但仍會有意外情況發生。三歲孩子喜歡肢體運動，如跑步、攀

爬、騎小三輪車等。大多數的孩子還喜歡在水池中玩水，另外有一些孩子還學會游泳。當他們明顯表現出已學會某些事情時，便很快地呈現極端的反應，變得不願再去嘗試這些事情。於是，他們便會在某一段時間裡不再攀爬、游泳，好像他們突然看到其中潛藏的危險而暫時對此失去信心似的。

一般而言，三歲孩子會與母親有著非常親密的關係。但是下面這種情形也會發生，每當家中有小弟弟或小妹妹誕生時，三歲的孩子就必須學會與人分享。因此，就像我們三歲時一樣，當一個已經有強烈自我意識的孩子，發現那個一直疼愛和悉心照顧他的媽媽，心裡還想著另一個孩子時，鬧彆扭、發脾氣的情形也就不足為奇了。因此，做父母的人應該理解探討為何三歲的孩子有

時表現非常的成熟，有時又像個小孩子似的。唯有這樣，我們才能有效地掌握我們的孩子。

三歲孩子往往充滿好奇心，他們覺得這個世界是那麼的奇妙與令人興奮。他們也從與家人以外的同齡孩子或成人的交往中得到很大的快樂。三歲的幼兒常常會生病，如：感冒、咳嗽、耳朵痛或感染流行性疾病等。三歲的孩子容易表現極度的興奮，同時又很快的感到厭倦疲乏。所以，如何幫助三歲孩子盡情快樂，同時在他們疲乏厭倦時又能給予適時的幫助，也是件極為重要的工作。

第一章

里程碑及變化

語言能力

　　雖然一些幼兒要到四歲時才能學會控制自己，但

絕大多數的幼兒到三歲生日時都已不再尿濕褲子了。所

以，出現意外尿濕褲子的情形時，許多三歲的幼兒會

感到十分的焦躁與不安。在一個陌生的環境中，孩子會感到緊張，這時就需要引領他們如廁，並且幫助他們將拉鍊或鈕扣解開。

這種自控能力所帶來的自信心，充分表現在突飛猛進的語言能力上。許多三歲的幼兒不是滔滔不絕問這問那的，就是詳詳細細地告訴你們他們的所見所聞、所做過的事或是想像的一些事情。

三歲的蘇珊(Susan)跟在媽媽後面，問了一個接一個的問題：

「我們什麼時候去公園？」

「爸爸什麼時候來？」

「雨停了我們才能出去，但是這雨什麼時候才能停止呢？」

「隔壁的珍(Jane)什麼時候過來和我玩耍呢？」

「我什麼時候可以看電視呢？」

看完電視後，蘇珊開始用積木為她的玩具白兔搭建一個屋子，然後將剛剛所看的電視節目內容非常詳細地講給小白兔聽。蘇珊的媽媽無意中聽到這一切，為蘇珊詳細敘述節目內容的能力感到驚訝，更令她吃驚的是蘇珊居然能依據節目內容自己編故事。不久，雨停了，蘇珊和媽媽去公園玩，在路上，蘇珊一直不停地說著各種事情，草坪、樹木、鮮花、汽車、人們、狗兒，甚至商店。蘇珊對每一件事情都充滿了興趣。

孩子的好奇心、興趣和熱情是多麼令人歎服！這些牙牙學語的孩子所提出的問題總是層出不窮。

不過也有一些孩子則表現得比較害羞，而且不輕易開口說話。

一個三歲半的男孩從未開口與其他幼兒及大人說話，這使托兒所的老師們很擔心。不過讓他母親迷惑不解的是這個男孩在家中卻時常與媽媽、繼父及姐姐

們聊天。他們全家剛搬來此地不久，這個叫詹姆士（James）的男孩在這所托兒所的時間並不長。四個月後，詹姆士開始與別的孩子說話了，不過他仍然不願意與家人之外的年長者交談。

對待那些害羞文靜的幼兒是需要時間和耐心的，雖然要耐著性子對待他們並不簡單，但是，給予鼓勵總比懲罰來得好，他們終究會慢慢地進步。

還有一部分的幼兒確實有語言困難，如果這樣，就需要對他們進行口形練習，例如b's或p's，在練習的同時要給予鼓勵，就一定能克服這些困難。這種口形練習就是先用唇和舌做一個清晰的嘴形，然後發音，再將這些練習反覆示範給那些孩子們看。另外還有一些兒童則對一個單詞的第二部分發音有困難。譬如，將"bike"（腳踏車）說成"bi"，"coat"（外套）說成"co"，這些幼兒的發聲法介於嬰兒用語及成人用語之間。但

慢慢地，他們會使用愈來愈多的成人用語，他們需要人們多加鼓勵，並儘可能提供與成年人交談的機會。

絕大多數的幼兒確實喜歡大人講故事給他們聽，但除此以外，他們也需要有人與他們交談並聆聽他們講話。如果一個幼兒將 "bike"（腳踏車）說成 "bi"，你應該這樣回答「是的，這是你的bike（腳踏車），你要騎自己的bike（腳踏車）。」鼓勵幼兒多講話的一個好方法就是對他們分析剛看過的電視劇的內容，例如：

「接下來要發生什麼事?」

「這輛汽車是什麼顏色?」

「兔子接下來要吃什麼了?」

「你能告訴我泰迪(Teddy)將會有什麼奇遇嗎?」

給孩子愈多的鼓勵，他的言語就會變得愈來愈豐富而有趣。

繪畫能力

三歲幼兒會花很多時間畫畫，他們喜歡用手指作
畫，也愛用畫筆畫一些圖案輪廓，簡單的房屋、人、風
景、大海、天空及小山等等。有一點很重要，那就是

做父母的要為孩子的繪畫能力感到欣喜和驕傲，並讓你的孩子感受到你們是真心想聽，以及想與他談論他的畫。

當艾瑪 (Emma) 的媽媽欣喜地看著孩子那色彩豐富但含意模糊的畫時，艾瑪便告訴媽媽，她在畫上畫了些什麼：一道彩虹、還有一隻怪獸、一個巫婆以及一間住著一位公主的屋子。接著艾瑪便開始講故事：這道彩虹具有神奇的魔力，它將巫婆趕走，使花園充滿鮮花，屋內的公主從此便過著快樂的生活。

三歲的幼兒已經能握住大畫筆，也能握住蠟筆和毛筆，所以他們會花上好幾個小時埋頭在那兒畫畫。他們愛畫各種不同顏色的圖案、圈圈、正方形以及三角形，但他最在意的仍是他的畫能否得到別人的讚賞或評論。三歲孩子也畫他們熟悉的事物，如：自己的家庭，有爸爸、媽媽和自己。他們還會畫一些自己想

像的景物，並深深沈醉在其中。他的畫作有時很歡樂激昂、有時又有嚇人的巫婆和怪獸。孩子們非常渴望將自己畫中的內容告訴那些與自己親近的人。因此，認真看待他的畫作，儘可能抽出時間聆聽他的訴說，這對孩子來說是非常有幫助的。因為孩子喜歡與別人分享他的成就。

生理的發展

　　三歲的幼兒好動而且容易疲勞。因此，適時地制止他們，以免玩得過度疲累就顯得格外地重要。所以，在一段活動之後，可以給他說故事、看電視或看一陣子的錄影帶後，在適當的時間再給予另外的活動。

　　三歲孩子學習新東西的速度非常地快。他們喜愛

鏗 鏗 鏗

唱歌、跳舞，會跟著節奏鼓掌、踩腳、跳舞以及唱一些簡單的歌曲。他們不但喜愛唱兒歌，同樣也喜歡唱那些節奏明快、旋律簡單的歌曲。三歲孩子已經能行走自如，並會做一些簡單的動作，因此，可以讓他學習一些大腦、身體、手、腳等的協調運動。他們也愛自己創造音樂，敲鼓、搖鈴鼓、敲三角鐵或吹哨子會給孩子帶來極大的快樂。當只有一個孩子時，他也會隨著錄音機、唱片的音樂舞動起來。對他們來說，就

連小平底鍋的蓋子也是一種很好的樂器。

　　三歲的幼兒愛騎自行車、爬梯子、盪鞦韆、溜滑梯。當然，這需要遊戲設施有足夠的安全考量，以確保孩子的安全。只要一旁有大人看顧，讓孩子自己嘗試處理一切事情，其實也是一種挑戰。很多三歲幼兒同樣也能從玩水或是夏季的划水、游泳中得到極大的快樂。

　　格林(Margaret Green)太太一家剛搬來不久，她的孩子強納生(Jonathan)是個活潑好動的小孩。因此，格林太太想為孩子尋找一個既能增強活力，又不會太過消耗體力的運動項目。她看到當地一家游泳池的廣告上有專為母親及五歲以下孩子開設的課程，便帶著強納生前往。三歲半的強納生很喜歡在水中拍打嬉戲，而格林太太則站在池中與其他孩子的媽媽聊天。池中的水很溫暖，強納生好想在水中多待一會兒。但是，半

個小時後，強納生遵守與媽媽的約定，一起離開了游泳池。幾個星期後，格林太太和強納生改為一週去兩次游泳池，兩人都覺得既輕鬆又愉快。游泳後的強納生往往會有疲倦，但又輕鬆的感覺。他和媽媽都很喜歡這種戶外活動，他們不僅期待它的到來，也期待見到那些在游泳池結交的新朋友。

對世界開始有了自己的想法

三歲孩子必須理解許多新鮮事物，但其中最主要的也許是分辨什麼是真實的？什麼事情正在發生或者已經發生了？故事或電視節目中的「純屬虛構」是怎麼一回事？剛剛我的腦子裡編織了什麼東西？當然，三歲的幼兒是難以全部理解這些事情的。但是大人應該

瞭解孩子正在為怪獸或巫婆的存在等諸如此類的問題煩惱著。其實，大人也應該為小孩子相信聖誕老公公及仙女的事情負起一部分責任。

莎拉(Sarah)告訴媽媽托兒所來了位仙女，還給了她一塊糖吃。媽媽覺得很困惑，莎拉前一晚還為了媽媽不給她糖吃的事情鬧脾氣。布朗(Brown)太太於是斷定莎拉還在為吃不到糖果而生氣，甚至編了一個仙女送糖果給她的謊言來安慰自己。但莎拉堅持她真的有

一塊仙女給的糖。媽媽進一步詢問有關仙女的事情。莎拉便開始向媽媽描述：有一個美麗的女子，自稱是要來保護她們的仙女，她輕聲細語的告訴孩子們「不要在馬路上奔跑」，還教她們玩「不要在馬路上奔跑，要等媽媽或大人來帶你過馬路」的遊戲，最後還發給每個人一顆糖果。當天下午，他們去逛街的時候碰到一位鄰居，鄰居告訴她托兒所裡確實有交通安全的宣導活動。

莎拉或許是編造了這個故事，但實際上它是真的存在。有時小孩子也會信心十足地向你重述那些已經確定為不真實的故事。

約翰 (John) 告訴他的媽媽說溫蒂 (Wendy) 的爸爸死了。他說得非常肯定。史密斯 (Smith) 太太很關心這件事，而約翰依然堅信，因為這是溫蒂告訴他的。史密斯太太想起上次約翰去溫蒂家玩，約翰踏壞了花園

裡剛栽種的植物，遭到溫蒂爸爸的責罵。媽媽想可能是約翰不希望再看到溫蒂的爸爸才會這麼講。於是，媽媽打電話到溫蒂家謹慎地詢問此事。原來溫蒂的爸爸因為拔牙注射的麻醉劑「睡」了很長一段時間。溫蒂則對外宣稱她的爸爸睡著了，且永遠不會再醒來了。因此，約翰聯想到最近過世的爺爺，人們說他長眠、升入天堂了，於是他就斷定溫蒂的爸爸也過世了。這個問題算是解決了，不過大家的結論是該和孩子談一談有關睡覺、死亡，和打麻醉藥止痛以至昏睡等的問題了。

情緒的變化

　早上六點三十分，山姆(Sam)剛醒就又哭又鬧，過

了一會，媽媽走進他的房裡，山姆一見到媽媽就對著

她大聲哭喊。媽媽在他的床邊坐下，伸出手臂想要摟

住山姆，可是他拼命往後退。媽媽仍去摟住他，他往

前讓媽媽抱住了，但他邊喊邊打媽媽：「壞媽媽、壞媽

媽，媽媽不喜歡我了。」媽媽更抱緊他，輕撫著並不斷

地哄他。他嘴巴唸著媽媽打他、媽媽弄痛他了、壞媽

媽。媽媽記起前些天山姆想將手放進自動切片機裡，她

趕緊抓住他的胳膊。當時，山姆緊張地縮回手，隨即

他又被媽媽懸空抓起，他感到很害怕，而且他覺得媽媽這一抓也將他的胳膊弄傷了。想到這，媽媽問他是否做惡夢了，可是山姆仍不斷喃喃自語：「媽媽弄傷我了。」漸漸地山姆平靜下來，開始與媽媽一起尋找受傷的地方，結果發現胳膊上好好的，根本沒有受傷。於是，山姆就乖乖地起床和媽媽下樓去吃早餐了。吃完早餐後，山姆開始與媽媽商量今天要做什麼。九點時，山姆已開心地忙著騎自行車、逗小狗玩了。而他那忙得精疲力竭的媽媽則在那兒想：是不是一整天都會平安無事呢？

三歲幼兒的情緒變化既快又充滿著戲劇性。孩子的脾氣來勢洶洶卻又轉瞬即逝。往往一樁很小的事情也會被他們視為天大的災禍，彷彿世界末日一般。譬如：計劃的微小變動、一點小小的挫折、想要紫色筆卻得到了藍色筆、想吃小甜餅，父母給的卻是雞蛋奶

酪等等諸如此類的小事都能讓三歲的孩子表現不開心。但另外也有一些小事卻顯然對孩子沒有什麼影響。有時父母正在傷腦筋該如何向孩子解釋計劃的變動，卻發現孩子們是如此自然般接受了。幼兒對事物的反應及情緒變化是難以準確地預料的，這使得對孩子們情緒變化的研究變得十分有趣且令人驚訝。即使你有十分的把握，那些預料不到的事還是隨時都有可能發生的。

三歲的幼兒對自己的生理變化已經有所感覺。譬如：肚子痛、感冒、發燒或者腳痛等。他們也能對事物作出及時的反應，例如：孩子會說「媽媽說我不能看電視，也不能出去與依杜多(Eduardo)玩。」或「是的，我們要去公園，還要去看珍妮(Jenny)。」他們還能表達自己心裡的想法及感覺，如「窗簾在動，可能有一個妖怪進來了，我好害怕。」或「要去奶奶家，我好

開心，真有點等不及了。」所有上述這些都能影響三歲幼兒的情緒，只是他們往往不知道這是一種什麼樣的感覺，為什麼會這樣。因此，大人們常常感到很難應付三歲的幼兒。如果孩子非常不開心，事情就很麻煩，因為任何人都幫不了他，除非他們自己能說出事情的來龍去脈。孩子在興奮或開心的時候會說個不停，而在傷心的時候則可能會變得沈默寡言，而另外有些孩子在發脾氣的時候會大聲喊叫，還有一些則可能會拳打腳踢，將門摔得呼呼響，要不將自己鎖在屋內，甚至乾脆跑到外面去。因此，對父母或大人而言，鼓勵孩子將感覺說出來是必要的。即使無力改變這種狀況，至少能讓彼此瞭解到底發生了什麼事情，以及這些事情代表著什麼。

第二章

三歲幼兒與他的家庭

安妮(Anne)剛到托兒所就告訴新來的阿姨說:「那是我的媽媽,我有兩個媽媽、兩個爸爸。」阿姨遲疑了一下說:「能和我談談他們嗎?」她從孩子的口中瞭解到這位三歲幼兒與哥哥每逢週一到週三上午與媽媽和繼父在一起,而週三下午到週五則住在父親和繼母家裡,週末則輪流在兩家度過。

目前,有三分之一的夫妻過著離婚的生活,因此使得許多孩子不得不被安排生活在不同的家庭中。因此,讓三歲的幼兒清楚的瞭解他們從此將睡在何處、他們的玩具和衣物應該放在什麼地方、甚至玩具和衣服應該準備兩套以便一家放置一套等,像諸如此類的事情,都該讓幼兒明白。

蘿拉(Laura)與媽媽住在一起,她不知道父親是誰,只知道舅舅、外公、外婆、還有表兄妹們。每次她問及父親的事情時,媽媽總是告訴她那個已經重複多次

的故事：他怎麼外出工作，怎麼遇見了一個女子，並且與她組成另一個新家庭。為此，蘿拉總是很傷心。她常常端詳著父親的照片，希望他有一天會回來。她以前常常會問媽媽：「爸爸什麼時候才能回來呢?」但現在她再也不問這個問題了，因為媽媽常常為此而哭泣。有時，蘿拉對爸爸的不回家也會有點高興，因為她可以完全擁有媽媽，再說托兒所裡的許多小朋友也只有一個媽媽或只有一個爸爸。她覺得這也不錯，因此，每當托兒所阿姨問及家庭情況時，蘿拉總是這樣回答。

瑞卡多(Ricardo)是蘿拉在托兒所的朋友，他告訴阿姨，他的媽媽很健壯，她要外出工作賺錢養家，他的爸爸是一個要靠輪椅行動的病人，只能待在家中。但當他們回家時，他爸爸會替他們準備茶水。

喬書亞(Joshua)說他媽媽倒是待在家中的，但她要做家事，要為家人準備茶水。他爸爸工作非常繁忙，所以在家時，他們全都很安靜以免打擾爸爸的休息。

應該讓三歲幼兒明白社會上有各式各樣的家庭存在。起初他們總以為每個家庭都與他們自己的一樣，但一旦進入團體生活或托兒所，他們很快就會知道有各式各樣不同的家庭，他們會因此感到傷心，迷惑甚至還有嫉妒，為什麼他們自己的家不能和別人的一樣呢？大人們必須聆聽他們的抱怨和質問。例如：我的禮物、玩具為什麼那麼少？為什麼我沒有外公、外婆？這時，你就應該讓孩子明白每個家庭的個別差異。

三歲孩子必須與照顧他們的人熟悉，要求這些人愛他們，需要他們，在意他們，要能給他們安全感，可以信賴，言出必行。孩子們還會談及，爸爸媽媽在一塊兒好，還是只有一個爸爸或媽媽好，也會談到那個新媽媽或新爸爸。孩子們往往不知到底該如何稱呼新的父母，或許稱呼「珍(Jean)媽媽」、「蘇珊(Susan)媽媽」會更好，有時他們乾脆決定稱親生母親為媽媽，而在新媽媽的前頭加上一個姓氏。在談論這些時，孩子們常常會被一種強烈的情緒支配著，他們往往會感到傷心難過。

三歲的幼兒不但知道這個世界上有男女之分，也知道他們有膚色的差異。

拉吉兒(Rachel)從托兒所回來告訴媽媽托兒所新來了一個與眾不同的男孩，媽媽問了各式各樣的問題試圖瞭解這是怎麼回事。拉吉兒說，他既不像她的好

朋友約翰 (John)，也不像來自美國的黑皮膚、有一頭卷髮的傑西 (Jesse)，更不像棕色皮膚、黑頭髮的艾美 (Ahmed)。拉吉兒說這個男孩一隻眼睛是藍色的，而另一隻則是棕色的，媽媽也被弄糊塗了。母女倆繼續談論著有關這個男孩的話題，拉吉兒說她認為眼睛一隻藍色一隻棕色的差距之大與黑色或棕色皮膚的不同是如出一轍。漸漸地媽媽的思維已難以跟上拉吉兒了，因為她已在描述他們在托兒所玩樂的情形，說她只與那些她喜歡的小朋友一起玩耍。

孩子們置身於這個世界是不容易的，因為這個世界與我們孩提時代截然不同。在這個世界上，他們會碰到各種不同膚色、不同宗教信仰、不同服飾風格的人。此外，他們還會面臨各種不同的父母教養方式等等。他們需要相互溝通，品嘗各種食物的滋味，瞭解他們朋友家庭的生活方式，並且希望回到家後與自己

的家人閒話家常。他們還會對此種種加以比較，我們家是這麼做的，而他們家是那麼做的，他們去什麼樣的教堂，以及吃什麼不同的食物等等。

父母常會因為孩子失去自身特別的認同、文化和宗教信仰而忐忑不安。當然，氣憤和不安是在所難免的，但如果做父母的把這種現象看作是一次扣人心弦的冒險，以及一次極有可能回到原點的探險航行，那麼，你就會欣喜地看到希望的光芒。孩子們一旦能夠相互瞭解，就會增進彼此欣賞與彼此接受的機會。因而減少相互之間的隔閡和由於不瞭解而產生的恐懼。

三歲的幼兒也可能會有初次遇見行動不便者的經驗，可能祖父母中就有一個是瞎子或聾子，也可能在托兒所中碰到一些殘障的小朋友。

彼德(Peter)告訴媽媽威廉(William)來自另一個國家，他從不在他們身邊跑動，也不與他們說話，彼德

不明白，威廉為什麼會與他們有這樣的不同。彼德顯然對此感到困惑，媽媽也不知所以然。於是，彼德的媽媽就此事詢問了托兒所的阿姨，這才得知威廉患有「唐氏症(Down's)」。此後，爸爸、媽媽與彼德又談及此事，彼德得知此事後表示想送給威廉一個玩具，並打算主動邀請威廉和小朋友一塊兒玩。幾星期之後，威廉已成了他們中的一員，和大家在一起遊戲了。

　　三歲幼兒稱得上是敏銳的觀察家，他們會發現相互之間的不同。如：男女之別、膚色差異等；他們也能發現別的孩子在生理、智力上的殘障。然而，與成年人不同的是他們對此並不感到害怕，而是充滿著好奇。當然，滿足他們的好奇心是很容易的。所以三歲的幼兒總是想看、想摸，而且想大聲的訴說，這點對一部分成年人來說會覺得十分的尷尬，而對那些殘障的孩子而言，可能會令他們感到傷心與難過。所以，用

一種平靜而簡單的方法向孩子解釋什麼該做而什麼又
不該做是必要的。就拿彼德來說，爸爸媽媽與他談及
威廉的病況，彼德自然就理解了。恐懼往往是來自不
理解，不清楚為什麼會存在著差異；恐懼往往也是父
母傳遞給幼兒的，彼德如果被告知要迴避、遠離威廉，
並被告知這種病是會傳染的，彼德自然就會很害怕。值
得慶幸的是，爸爸媽媽向彼德作了合情合理的解釋，使
得彼德認為威廉雖然與常人不同但卻是個有自身特點
的男孩。

兄弟姐妹之間

如果三歲的幼兒是家庭中最小的一個孩子，那他
的自我感覺就會十分的明顯。

　　賽門(Simon)說:「我在家中很受寵,媽媽不再給我添弟弟妹妹了。」身為家中的幼子,他們確實地位特殊並且享受到特別的待遇。對賽門來說,唯一的遺憾就是在托兒所裡,老師並沒有給予他特別的照顧,為此,他感到很委曲。賽門很想送一件禮物給老師,他以為這樣他就會成為老師最喜歡的學生。有時候,賽門必須排隊領蠟筆,他也很不能接受必須和別的小朋友合用蠟筆,於是便哇哇大哭起來。媽媽對此很擔憂,

在與老師談論時，兩人都覺得賽門九歲的姐姐和十一歲的哥哥都極為寵他，因而他覺得在托兒所裡，他應該像家中一樣比其他小朋友有著更多的愛和擁抱。因此，媽媽應向他解釋清楚當老師忙著照顧別的孩子時，並不意味著他是一個淘氣的孩子或被遺忘了。媽媽告訴賽門，當他和其他小朋友一同玩耍的時候，如果他有困難，別人一定會幫助他。漸漸地，賽門覺得在托兒所很不錯，而且也能平和看待排隊等待及與他人分享了。

三歲半的傑琪(Jacky)有一個才一歲多的小弟弟，現在她媽媽又懷孕了。傑琪常常在托兒所裡發脾氣，還動手打別的小朋友。媽媽覺得不可思議，因為傑琪在家中是那麼的乖巧，像個小大人似的。媽媽說每當要傑琪幫忙拿東西時，她總是很樂意幫忙。如果小弟弟在媽媽睡午覺時哭了，傑琪就會跑到弟弟的床邊哄他，

還拿玩具在床欄杆間穿梭著逗哄他。帶他們去看病時，傑琪總是忙著遞東西，或微笑地看著媽媽。當她畫圖的時候，她喜歡畫她的家庭，包括小弟弟和媽媽那凸出的大肚子，但畫完後她會拿蠟筆在畫上亂戳。有一天，傑琪終於說出她對弟弟以及媽媽肚子裡小寶寶的看法。她對著她的爸媽生氣地大聲說道：「為什麼媽媽肚子裡還要有一個小寶寶？你們為什麼不把他（她）送走？我們已經有了一個小克里斯多夫了，我都在幫忙照顧他，但是我不願意再照顧另外一個小寶寶了。」在一次長談中，傑琪說出了自己被冷落的感受，她希望像以前一樣得到媽媽的撫摸、擁抱，於是，傑琪爬到媽媽的大腿上讓媽媽擁抱。自此之後，傑琪再也沒打過別的小朋友，只是有時會對弟弟吼上幾句，讓他安靜些而不再吵吵鬧鬧。

馬克(Mark)好高興，因為媽媽肚子裡有一個小寶

寶，而且寶寶就快要出來與大家見面了。爸爸也很高興，媽媽則更盼望著寶寶早些降臨。寶寶出生後，馬克急忙跑出去告訴遇見的每一個人，他似乎為著新生的小妹妹而感到驕傲，他給每個人看因為她而帶給他的新車。因為妹妹要睡他的床，因此他也有了另一張新的大床。這件事著實讓他高興了好一陣子。幾個星期後，他現實多了，這個妹妹雖然好，但她太會哭鬧，而且很會吃，弄得媽媽忙得團團轉。再說妹妹還不能與他一起玩耍，她要是能快點長大，會走路的話該有多好。馬克覺得還要等上幾年或幾個月，妹妹才能與他一塊玩，真是有點令人難以接受。

　　上述的孩子都面臨著「分享」的問題。獨生子女或與哥哥、姐姐年齡差很多的孩子，可以避免很小就與人分享愛的這個問題。但是，一旦開始與別的小孩子相處，他們也就不可避免地要學會分享。一般而言，

有兄弟姐妹的幼兒是不得不學會分享的，這也許會很痛苦，也許難以接受，但懂事了以後，這一切是可以溝通的。三歲孩子常為此感到不平，「為什麼凡事都要讓她先？為什麼要讓她坐在你的腿上？為什麼我要把椅子讓給她坐？」經過一段時間，讓他們相信父母仍深愛與需要他們，他們並沒有被忽視，那麼，三歲的幼兒一定會心平氣和地接受這一切的新秩序了。

與父母分離：在外過夜，住院，父母重新工作

黛安娜(Diana)興奮不已，因為她整個晚上都與好朋友芭芭拉(Barbara)在一起，她將要在芭芭拉家過夜。

她對芭芭拉家的房子很熟悉，以及那張她和芭芭拉一起睡覺的雙層床。第二天在托兒所裡，黛安娜逢人便說在芭芭拉家過夜是多麼有趣。但黛安娜也很高興可以在早上便看見媽媽。三歲半的黛安娜一直與奶奶及姑姑莎拉(Sarah)住在一起，現在的她已能在別人家過夜了。

　　媽媽為黛安娜找了幾個熟悉而黛安娜也十分願意去過夜的家庭。因此，當爸媽外出，甚至媽媽因為某種原因突然要外出或在外地待上較長一段時間，黛安娜便可以有一些她喜歡居住的地方。黛安娜的奶奶身體不好，在危急時還常需要黛安娜的媽媽趕去照料。同時，媽媽也希望再添一個孩子，因此，她希望黛安娜有暫時與父母分開居住的準備，當然，這還需要與黛安娜好好地商量。

　　只要三歲的幼兒有足夠的心理準備，他們可以接

受與父母暫時分離的事實。如果父母們能事先通知他們，而且他們對父母有足夠的信心，孩子們是會接受的。例如，大人要按照答應孩子的時間準時回家。作父母的不應該用離開家或將孩子送走來威脅孩子。對此，不管孩子表面會有什麼反應，但內心裡是非常焦慮不安的。這種恐懼不安的情緒會改變幼兒今後的處事態度，是否會相信別人，或者時時刻刻提防著，甚至懷疑別人。

如果孩子因病必須住院，而你想幫助他做好心理準備，你可以給他買幾本透過講故事傳達必要訊息的圖畫書。三歲的幼兒是可以理解的。當然打針帶來的疼痛、割扁桃腺及治療疝氣後醒來的疼痛，還是會令孩子感到相當的痛苦。這時，可以給孩子講些圖畫書裡的故事，但不宜再有引起孩子恐懼的內容。而且，只要父母或孩子所愛的人中有一個在孩子身旁，都能減

輕孩子的痛苦。孩子的精神和體力恢復得很快，只要一些玩具就能轉移他們的注意力。當然，父母對孩子的影響是最大的，如果父母對孩子的病情抱著沈著冷靜的態度，相信一切都會好轉，孩子也會增強戰勝疾病的信心；相反的，如果父母表現出擔憂不安的態度，那麼孩子也會受到影響而變得擔心與害怕。因此，身為父母當你帶著孩子到醫院看病時，很重要的一點就是儘可能讓孩子感覺到你有充分的心理準備，你不會

為任何事感到震驚和不安，並且告訴孩子既不能輕忽疾病，但也不必過分的害怕。

如果是大人需要住院，就應該讓孩子做好必要的心理準備。例如：將發生什麼事？誰將照顧他們以及他們將睡在什麼地方等等。在可能的情況下，讓孩子探視大人是很重要的。當然，面對臉色蒼白，躺在床上虛弱的媽媽，孩子也許會感到害怕。所以，在探視前孩子需要事先做好心理準備。如果病人身上插有很多管子，那麼就應該向孩子解釋。當然，幼兒是很容易適應環境的，感性的語調及大人的處理方式是很重要的關鍵。

史提夫(Stephen)的媽媽因為要拔智齒而進了醫院，奶奶來幫忙照顧。史提夫想這多有趣，哥哥的牙齒自己會掉光，而媽媽住院卻是為了拔牙。第二天，他去探望媽媽時簡直嚇呆了，媽媽看上去是那麼的陌生，

臉腫腫的、說話也很費勁、臉色蒼白、一副可憐兮兮的樣子。爸爸說媽咪很不舒服，史提夫想不通，醫生為什麼要把媽媽弄成這個樣子？兩天後，史提夫又和以前一樣開心了，因為媽媽出院了。媽媽還要休養一段時間，因此，奶奶仍要照顧他及準備三餐。史提夫對此雖有些厭煩，但只要能照樣地和小朋友玩耍，他也就覺得沒有什麼了。

如果大人要長時間住院，最好坦白地告訴孩子。你可以對孩子解釋說，誰都不知道爸爸或媽媽要在醫院待多久，但是，我們要相信醫生會盡一切努力治好爸爸或媽媽的病。

家庭中另一個重要的變動是父母，通常是媽媽決定重新外出工作。這或許是為了增加收入好幫助家庭有更好的經濟狀況。但這也意味著父母雙方將會忙於工作而疏於照顧孩子。孩子就會發覺他們受父母重視

的程度下降了，答應孩子的安排也經常會有改變。以前，爸爸媽媽中有一個人能接送小孩子上托兒所，如果現在雙方都忙於工作，就需要別人來接替他們照顧孩子的工作。這個人可能是姑姑、奶奶、可能是爸媽的朋友、也可能是花錢請來的保姆。在現在的社會中，這是一種非常普遍的現象，家庭成員之間彼此的聯繫也往往比以前淡薄了許多。

辛蒂 (Cindy) 一到托兒所就告訴小朋友說今天是布朗 (Brown) 太太來接她而不是媽媽。她似乎很傷心，有位阿姨坐在椅子上，辛蒂便爬到她的膝上要求抱她。辛蒂告訴阿姨他們家的車子舊了，需要錢換輛新的，另外他們還需要一筆錢度假。阿姨對她說：「我想妳現在最需要媽咪。」辛蒂沈默了一下，但不一會兒又開心地說道：「媽咪會在下午茶時間回來，我呢，可以和西恩 (Sean) 一邊玩一邊等媽媽。」（西恩是布朗太太的兒子，

和辛蒂在同一家托兒所裡。)這種對話在後來的日子裡

不時地被重複，直到一段時間後，辛蒂才慢慢地習慣。

第三章

大人眼中的
三歲幼兒

三歲幼兒的某些行為往往決定他在外面世界的適應與否。這些行為大都是在家裡養成的，包括下面五種行為表現：

憤怒和大發雷霆

恐懼和做惡夢

獨立自主

睡眠和飲食習慣

如廁訓練

憤怒和大發雷霆

成年人會生氣，三歲的幼兒也一樣。這一點很正常，「發怒」是不應該的這種觀念是錯誤的。發怒時要避免危險或令人困窘是一件困難的事情。如果我們都能接受、理解人人都會發脾氣的事實，那麼這個問題就容易多了。幼兒和成年人發脾氣時的區別在於成年

人憤怒或氣惱時會考慮下一步該怎麼做。他們會告訴自己要堅強、要冷靜，而不是鑽牛角尖，或者失去理智。他們會想些方法克制自己，比如，離開房間，到花園裡散步，溜溜狗或者乾脆到另一個房間裡看電視、聽廣播、聽音樂。但三歲的孩子在生氣時是不會考慮那麼多的，他們只會將憤怒發洩出來，一切都在臉上表露無遺。

　　三歲的湯姆(Tom)躺在超級市場的地板上，在那

兒踢腳哭喊，媽媽推著滿車的東西，妹妹則坐在推車上。媽媽非常生氣，她已不知道該怎麼樣去安撫湯姆。湯姆發脾氣是因為媽媽不答應他買那個價格昂貴的玩具，她感到又內疚又困窘，因為他們買不起那個玩具。一些在購物的人都站在那兒看他們；有些人可以理解並同情她的做法，而更多的人則面露責怪之色——怎麼這樣對待孩子呢？媽媽拉住湯姆的手臂，半拖半拉地走向付款處，湯姆仍在啜泣，還不時的喊叫。當他們走出超市大門來到車旁要裝東西時，媽媽終於控制不住，開始罵他，並且打他。附近的人趕緊跑過來勸阻，在媽媽放東西時，讓湯姆和妹妹在車子裡坐好。

這之後，湯姆的脾氣更壞了，經常大發雷霆，而家中的情形也糟透了。妹妹才六個月大，晚上常常因長牙的疼痛攪得父母難以安眠，此外，家中經濟又很拮据。因此，爸爸媽媽的精神老是處於高度的緊張與

焦慮狀態，外出購物更是困難，因為不僅需要採購大量的日常必需品，還要面對不太寬裕的經濟狀況。父母們覺得他們已經將最好的一切給了孩子，而湯姆卻似乎總是那麼不知足。

　　湯姆的媽媽想用別的法子應付這個難題，因為孩子難以管教，外出購物便成了一件難事，能否將孩子托給朋友或親戚照顧？於是她打算在外出大量採購時將湯姆和他的妹妹留給他們的爸爸照顧。只買幾件小東西時便帶著孩子們一起逛街。如此一來，她的憤怒和疲累程度變得可預期。在她心情輕鬆的時候，她會和湯姆聊天及討論。幾天以後，媽媽告訴湯姆他的慾望太大，但他應該明白媽媽對他說「不」時，心裡也不好受。母子倆還談到了湯姆的壞脾氣，湯姆說他發脾氣時，自己也不知如何是好。媽媽說即使湯姆恨她，她也會愛他，雖然她還會對他說「不」。

面對情緒失控的幼兒，大人必須沈著、冷靜，如果大人自己也控制不住，那麼孩子便會感到十分害怕。有時孩子是想藉生氣來看大人是否能忍受這一切。如果大人也生氣發怒，對幼兒來說，倒是一次很好的觀察機會，因為大人們雖然也會發脾氣，但他們總有辦法控制住自己。

漢娜(Hannah)的玩具兔子掉了一隻耳朵，媽媽又不願加以修補，於是，漢娜開始哇哇大哭，她哭喊著拉扯媽媽，要媽媽停下手裡的工作幫她修補玩具。忙了一天的媽媽正在準備晚餐，她覺得她要發火了。為了忍住脾氣，她打開錄放影機讓漢娜去看她自己喜歡的節目，她自己則走到陽臺上去修剪天竺葵。情緒平靜之後，便又回到廚房繼續工作，將湯放到爐子上之後，她便去房內看漢娜，此時的漢娜早被電視吸引住了。見媽媽過來，便跑過去倚在媽媽懷裡。媽媽告訴

她:「我們現在都又累又餓,等我們吃完飯後,再來研究你的小兔子,看看我能做點什麼。」漢娜笑著問:「媽媽剛才是不是生氣了?」媽媽回答說:「是的,不過現在已經不生氣了。」

在發怒時運用些方法來平息情緒倒不失為一種好的策略。例如,到另外一個房間,到花園走走、外出散步,或去鄰居家串串門子,做點別的事,如看書、看電視或錄影帶等等。三歲幼兒的情緒失控往往令人擔憂害怕,如果孩子好像氣得失去理智,那最好將他們抱在懷裡或抱到床上,直到他們平靜下來為止。

父母應該做的是對孩子加以教導。對孩子要堅決地說「不」,讓他們瞭解大人說出的話是不會輕易更改的。對大人們而言,在處理孩子的問題上持相同的觀點對教育孩子是有幫助的。如果父母之間意見不統一,要事先做好溝通協調工作,否則,怎麼能管教孩子。若

父母意見不一，狀況發生時，孩子到底該聽誰的？父母雙方各持己見，最後以爭吵告終，對管教孩子是相當不利的。

貝絲(Beth)到托兒所都是由外婆接送的。媽媽因為經濟因素又重新外出工作。每天都由外婆照顧貝絲直到媽媽下班接她回家。媽媽非常注意孩子營養的攝取，要求貝絲少吃甜食，以免損壞牙齒、增加體重。而外婆則認為吃甜食對孩子沒有壞處，每天午餐時她都給貝絲兩塊甜餅好哄她乖乖睡午覺。於是，每到週末下午，貝絲就纏著媽媽要甜點，弄得母女倆都不高興，有時還要大哭一場。媽媽需要外婆幫她照顧孩子，可是又對外婆不尊重她的教育方式感到生氣。最後，貝絲再要甜點時，媽媽的手掌便啪的一聲重重地打在貝絲的腿上。媽媽意識到需要和外婆好好坐下來談談。貝絲已經被兩種不同的觀念混淆了。最後，媽媽和外婆協

商同意貝絲每日午飯之後可以吃少許甜點，並將這個結果告訴了貝絲。

懲罰是必要的，幼兒應該暸解什麼是該做的、什麼是不該做的。為人父母應該考慮規矩立多少條為宜，並指出哪幾條是特別重要的。這樣，一旦孩子不遵守規矩，大人便知道該依哪一條處罰。首先是「不」，希望孩子能馬上停止，不再犯錯。其次是「限時改正」，最後是不允許做他們想做的事以示處罰。譬如：看喜歡的節目、到公園玩、買玩具或吃一頓大餐等。最好不要打孩子，一旦做了，過後最好能與孩子交換意見，例如「你太調皮了，所以媽媽生氣動手打了你，我覺得很抱歉。其實媽媽是很愛你的，只是你剛剛的行為惹媽媽生氣了。」

賽門(Simon)一到托兒所便說：

「媽咪剛才打了我。」

「真的嗎!」 老師驚訝地問，「你做錯了什麼事嗎?」

「我拿一把真的槌子打了妹妹的頭。」 賽門回答說。

「打妹妹的時候你一定很生氣!」老師說。

「是的，」 賽門說，「生妹妹的氣，也生媽媽的氣。」

「為什麼呢?」老師問。

「媽媽只顧著給妹妹餵飯，跟妹妹講話。」

「所以你就打了妹妹?」老師又問。

「是的，」賽門回答，「媽媽也打了我，她非常的生氣。」

接下來，賽門的媽媽就試圖向賽門解釋兩人生氣的誰是誰非，但是他打妹妹、媽媽打他都是不應該的。

有時，身體上的懲罰也是必要的。當孩子在馬路

上玩耍，或者想將手放進火裡、放在電熱板上，或者坐在窗臺上，會有隨時掉下去的危險。這時候，就應該緊緊抓住孩子的身體，胳膊、肩膀，或者任何抓得住的部位。當然，這勢必會弄痛和擦傷孩子。但是孩子的安全是首要的考量，在這種分秒必爭的時候，往往來不及再吩咐孩子該怎麼做了。

恐懼和做惡夢

三歲的幼兒已經能知曉事理了，也會做自己能力所及的事情，只是大人往往限制他們。三歲的孩子有時又是那麼膽小，他們害怕到一個陌生的地方；甚至遇見一個陌生人都會令他們害怕，甚至躲開。除了這種恐懼陌生的感覺外，有時，他們會沈湎於虛幻中，幻

想自己喪失了辨別真假的能力。

　　葛瑞塔(Greta)在遊戲室裡玩黏土，做了許多家禽動物。突然，一陣微風吹過窗簾，葛瑞塔跳了起來，「誰在那兒?」她問。事後，別人問她以為誰在那兒，葛瑞塔回答說:「巫婆，在臥室裡她就一直跟著我，現在她就在那兒。」問她這個巫婆想做什麼，她說:「她要把我帶走。」因為爸爸在國外工作，這幾天，媽媽又因為盲腸炎住院，葛瑞塔因乏人照顧已被寄養在別人

家中將近一個星期了。自此以後，葛瑞塔變得膽小而容易受驚嚇。還好她還能講出她的害怕，但有時她仍是那麼的憂慮和擔心。

詹姆士(James)在托兒所裡表現很差，經常打別的小朋友。問他為什麼打人，他又說不清楚。觀察詹姆士的行為相當有意思，他會走近小朋友並且試圖加入他們的遊戲行列，但小朋友卻將他趕走，詹姆士只得不開心地慢慢走開。當兩個小朋友玩得哈哈大笑時，詹姆士便過去打他們。別人問他：「你為什麼要打他們？」他往往回答：「不知道。」別人又問：「你是不是以為他們在嘲笑你？」他說：「是的。」

幼兒面對恐懼的反應各有不同。葛瑞塔能講出她的害怕，詹姆士則不行，他只能用行為來表示他的膽怯。如果能找到一種方法讓孩子將害怕轉化成文字表達出來就好了。這樣，幼兒就可以知道到底發生了什

麼事情，並且設法控制自己。這種方法可透過孩子與大人的接觸交談中獲得，快四歲的孩子，也可以在彼此互動中得之。

三歲的幼兒會對真實的一些事感到恐懼。譬如：游泳時讓他們將頭沈到水裡會哭泣、走在人後時也會哭泣。有時，即使是去他們熟悉的地方，如動物園等地也會令他們感到不安。這也許是因為孩子身體不舒服——著涼了或咽喉痛，也有可能僅僅是一種害怕的感覺，認為需要面對的東西太多而無法承受。如果是這樣，暫時將所有活動或外出遊玩停止，或許能讓孩子再打起精神。

無論是對大人，還是對小孩子而言，做惡夢都是一件可怕的事情。如果孩子嗚咽著從睡夢中醒來，大人很難立即去安慰他們。在他們完全醒過來之前，迷糊中他們也會對大人產生恐懼。尤其對那些從熟睡中

醒來、尚未完全清醒的父母而言，更是難以安慰一個受驚，甚至還帶著敵意的孩子。此時，父母不妨將他們摟在懷裡，即使他們還留存著敵意和恐懼，只有這樣，孩子才會慢慢地平靜下來。如果孩子仍很纏人而且情緒並不穩定，那麼你應該緊緊握住他的手，告訴他什麼事也沒發生。

三歲的幼兒一般能描述他的夢境，但也有一些幼兒做不到。蜜雪兒(Michelle)說：「妖怪把我吞下去了。」黛米恩 (Damien) 說：「爸爸拿一根棍子追我。」瑪麗(Mary)則說：「我不知道。」說完之後便開始大哭並且訴說她的害怕。如果孩子對你講述他的惡夢，即使你非常想睡，也要耐心的聽他們把話講完。因為做惡夢往往意味著孩子對某種事物的擔心和焦慮。所以，花點時間聆聽孩子描述夢境，並且試著瞭解是什麼事情使得孩子如此焦慮，這一切將可化暴戾為祥和。

獨立自主

　　讓孩子獨立雖然會帶來許多問題，但還是應該鼓

勵孩子在一些小事上主動承擔責任。例如：傳遞訊息，

以顯示他們的能力。當然，幼兒的能力畢竟有限，而

且記性仍不太好，興趣也容易轉變，很可能把事情搞得一團糟。但是，孩子如果完成了大人交付的事情，往往令孩子感到欣喜若狂。讓孩子獨自外出會有危險，但如果有大人陪著就沒關係了。他們能幫忙從貨架上挑選商品，試著練習支配小額的金錢，還能幫忙取下商品，並且幫忙拿回家。更重要的是得依據孩子的身體狀況和需要來培養孩子的獨立性。三歲的幼兒能自己上洗手間，但仍需大人幫忙穿脫衣服。三歲的幼兒還希望能夠自己吃飯、自己選擇食物和衣服。絕大多數的孩子都能很快學會開關電視機、錄放影機。但是，父母應該明白哪些節目適合幼兒，哪些又是幼兒不宜的節目，並不是任何正在播出的節目都適宜孩子觀賞。讓孩子慢慢學會獨立並不容易，儘管有些事情大人自己做會更快、更安全。但是，三歲的幼兒也應該在大人的管教輔導下做點事情，他們需要面對學習新技能的

挑戰，「三歲」該是學習的恰當時候。

眾所周知，父母比較容易與這個年紀的小孩發生衝突。面對這些，父母經常不知該如何去應付。當然，父母有很多種化解衝突的方法可以選擇，儘管這樣，父母仍感到迷惑，他們應該照他們所能想到的方法來做？還是照書上或者是親戚們所說的方法？

最重要的明智方法就是怎麼做你覺得心安理得，並且深信自己的處理方式是對的，那就照著去做。這樣你就會充滿信心，但必須記住要給自己一點時間做一番冷靜的思考。在這種糟糕的情形之下，千萬不要不經大腦便做出反應，一定要花點時間深思熟慮。

將近四歲的曼蒂(Mandy)是一個聰明自信的孩子，她會執意穿自己想穿的衣服上托兒所，也會在清晨借助一把椅子打開房門自己出發到托兒所。媽媽對她很惱火，因為她總是要穿最好的衣服去托兒所，而每次

回家時，衣服上總是沾滿了顏料和膠水。有時候，媽媽氣得不得了，急急忙忙衝出去，不是跟著一路押送她去托兒所，就是發一頓脾氣，把她拖回家等到合適的時候再去托兒所。

曼蒂常常一早醒來就去挑選穿什麼衣服上托兒所。媽媽決定要改變她這種習慣。她自己先從衣櫥裡選出兩套衣服，然後將櫥門牢牢關住，曼蒂只能在媽媽拿出的兩套衣服中挑選。這個辦法很不錯，曼蒂對此也很開心，因為她還是可以選擇自己想穿的衣服。有關穿衣的戰火便平息了。媽媽還決定將前門鎖住，這樣曼蒂就跑不出去了。曼蒂對媽媽的這個做法很生氣，她惱怒地用腳踢門，連續鬧了三個早晨之後，曼蒂開始玩玩具了，只是不停地問媽媽，她什麼時候才能出去。媽媽一將門打開，曼蒂便衝了出去，但又回頭看看媽媽有沒有跟上來，過馬路時也乖乖地等在路邊，直

到媽媽說可以了才出發。

　　彼德(Peter)為上床睡覺的事一直與父母鬧彆扭，因為每次到睡覺時，彼德不是沈溺於緊張激烈的遊戲中，就是津津有味的觀看錄影帶或電視節目，因此很難讓他立即乖乖地睡覺。爸爸媽媽為此找他談話。彼德說他想自己決定睡覺的時間或者與父母同時入睡。爸爸媽媽不同意，認為他才三歲九個月需要更多的睡眠。他們決定要在午茶後趁彼德開始遊戲之前將彼德的睡覺時間確定下來。他們確定了彼德能看的電視節目，以及他上床睡覺的時間。彼德起初感到有點不適應，但計劃仍照常實施，因為他也參與了討論並且表達了他的想法，如真正想做的事和想看的電視節目等。睡覺時間也儘可能照顧到他的要求。很快，彼德習慣了這個安排，幾乎每次一到睡覺時間，彼德就高高興興的上床睡覺，醒來的時候更是神采奕奕。

睡眠

三歲的幼兒能夠上床睡覺是一回事，而能否睡著

又是另一回事。大部分三歲的孩子一天玩下來，一整

夜都能睡得很香，除了那些我們前面討論過的做惡夢

的孩子以外。有些孩子會失眠，或者醒得很早，更有甚者，一些孩子在半夜兩點還十分清醒。攪亂的睡眠時間通常只發生在一個階段內，但危險的是攪亂的睡眠時間會變成一種習慣。面對這種情形，應該鼓勵孩子醒來後仍留在自己的房間裡，他們可以在床上玩，但不能起床到外面走動；如果渴了，水壺就放在床邊；如果想上洗手間，要儘可能的到離房間最近的廁所。

茱莉(Julie)每天早晨六點就會醒過來。聰敏伶俐的她，會自己上洗手間，在她的床邊放有玩具和一部裝有故事卡帶的收錄音機，有了這些，她就可以安心地等到六點四十五分，那是爸爸媽媽起床的時間。在父母穿衣服的時候，茱莉總是興致勃勃地將早晨從錄音機裡聽來的故事講給他們聽。

丹尼爾(Daniel)每晚八點就上床睡覺，以前他都是幾分鐘就睡著了。但是有一次，在父母發生爭吵之後，

他上床躺了一會兒，便起身下樓。在那個晚上這個行為似乎也正常，爸爸媽媽知道他是想看看他們是否都在家中並且一切安好。但是這個習慣卻延續了兩個星期。父母開始意識到他們之間的爭吵影響到了丹尼爾，他們爭吵時說出的氣話令丹尼爾感到害怕。於是，他們便向丹尼爾解釋其實這種事不可能真正發生，他們只是一時衝動才說出口的。此後，丹尼爾夜裡不再起來去看看父母是否都還在家中了。爸爸或媽媽晚上要出去或者遲些回家，也都會事先告訴丹尼爾。爸爸媽媽還與他商量如何才能讓他儘快安睡，丹尼爾表示他喜歡在夜裡開著燈睡，父母答應了，當談到抱玩具睡覺的習慣時，丹尼爾又提出能不能在爸爸媽媽講完故事離去後，讓他繼續聽故事卡帶，爸爸媽媽同意試試看。當天晚上，丹尼爾聽爸爸講完故事後便去睡覺，此時，收錄音機裡仍在播放著故事，樓梯的燈亮著，房

門也是開著的。二十分鐘後，爸爸來查看時丹尼爾已經睡得很香甜了。

失眠和早醒是一個比較難以對付的問題，但只要有戰勝困難的決心，就能解決這個問題。讓孩子有一個正常的睡眠習慣，並鼓勵孩子堅持這個習慣，對問題的解決往往會有很大的幫助。

飲食

一般來講，三歲的幼兒已能吃所有的食物了。一有機會，孩子會大吃餅乾，甜點及糕點，直到把肚子塞得鼓鼓的。因此，對孩子的飲食要作一些規範。

最大的麻煩常常是孩子喜歡吃流行食品，而且愛挑食。有些孩子從來不會真的覺得餓，因為他們不斷

地吃甜食和餅乾，但有些孩子確實胃口不大，他們需要少量多餐。孩子們還會感覺某種食物不好吃，譬如，那些魚、蛋白和豌豆除外的綠色蔬菜普遍不受歡迎，但稍許吃一點也是不錯的。

　　三歲的琳達(Linda)要與父母一起去探望爺爺奶奶，爺爺家離他們住的地方有三英里之遙，他們需花很長的時間在車程上。爺爺奶奶和琳達一樣，顯得非常激動，因為在琳達六個月大以後，他們便再也沒見

過面。可惜路途實在太遙遠了，到爺爺家時，琳達已經疲憊不堪。奶奶為他們準備了精美可口的飯菜，爸爸媽媽都很開心。此時，沒有人多注意琳達，大人們忙著邊吃羊排邊聊天。琳達為自己叉了一塊羊排送進嘴裡，可是羊排的骨頭弄痛了她的牙齒，她生氣地將羊排吐出扔到地上，奶奶家的狗立即將它吞食了。琳達開始哭泣，大人們遲疑了一下才明白發生了什麼事。他們趕快將羊排上的肉剔給她吃，但琳達不願意吃，最後她吃了一點魚就去睡覺了。九星期之後，琳達才肯試著重新吃一點兒羊排，但仍是一見羊排就哭。

哈密斯(Hamish)不願吃擺在面前的飯菜，還將飯菜弄得亂七八糟。哈密斯雖然瘦小，但活潑健康，父母對他倒是挺放心的。媽媽知道他喜歡去隔壁那位老奶奶家，一待就是很長的時間。老奶奶每當見到他穿過籬笆的小門時，總是顯得很開心。哈密斯快四歲了，

還在托兒所。從托兒所回來，他常常會在吃飯之前跑到隔壁，媽媽覺得很奇怪。有一天，她跟在哈密斯後面也去了隔壁，她看到廚房裡擺著一張小桌子和一把小椅子，桌上擺著一疊奶油餅乾，還有一小袋子果凍。哈密斯直接走到桌邊坐下來，拿起餅乾咬了一大口，當老奶奶遞給他一杯橙汁時，他轉身接過一口就喝光了。媽媽看到這情形很生氣，她準備的飯菜又要被浪費了。但她也明白這是老奶奶的一番好意，她是為了哈密斯的到來而高興地準備。媽媽於是什麼也不說，先回去思考對策。此後，媽媽邀請隔壁的老奶奶到他們家坐坐，這樣，老奶奶可以逗逗哈密斯九個月大的妹妹，哈密斯也能夠先在家吃完飯，然後再去隔壁老奶奶的家裡。這個辦法不錯，當哈密斯飯後去隔壁時，媽媽發現他總帶著一本書，哈密斯向媽媽解釋說他和老奶奶一塊兒看書。媽媽聽了很高興，又給了他一本剛從圖

書館借來的新書。

有時幼兒會莫名其妙地不喜歡吃東西而導致體重下降，這種現象頗令人擔憂。這時，向家庭醫生徵詢意見是明智的抉擇。如果孩子吃下一些不太尋常的東西，如：木炭等，那麼，更應該去詢問家庭醫生了。

如廁訓練

絕大多數的三歲幼兒已不會將大小便解在褲子裡，但是也有例外。如果孩子到三歲時仍然會將大小便拉在褲子裡，孩子自己也會感到沮喪和尷尬。如果可能的話，只要幫孩子換上乾淨的衣物，然後繼續其他的活動。如果孩子一直都將大小便拉在褲子裡，那麼就應該請教家庭醫生了。許多孩子的自控能力發育

的比較緩慢，一些幼兒要到五、六歲甚至更遲一些才能有完全的控制力。自控能力形成的早晚與家庭遺傳有關。如果與正常的幼兒相比有些緩慢也只是意味著這個孩子在這方面稍微落後了一點。

　　三歲半的馬修(Matthew)很不開心，因為他又尿濕褲子了。托兒所裡的小朋友都衝著他喊：「好臭！好臭！」阿姨將這件事告訴了他的媽媽。媽媽便帶他去看醫生，醫生檢查了馬修的排尿狀況之後說沒問題。在

醫生提醒下，媽媽想起她丈夫及其兄弟也是很大了還在尿褲子，就在一個月前她婆婆還開玩笑地提到這事。醫生聽完之後認為是家族性遺傳，要他們耐心等待。馬修快五歲時才停止尿濕褲子，他告訴媽媽說：「上洗手間容易多了，想去就去。」馬修為此深感驕傲。

如果一個已不再尿褲子的孩子又重新把大小便拉在褲子裡，做父母的就該去瞭解是什麼原因使這件事重新發生。當然，這往往沒有什麼明顯的理由，但有時，比如家中又添了弟弟（或妹妹），爺爺奶奶的去世，或者父母發生了激烈的爭吵等等，在這種情形下，孩子就可能重新尿褲子。還有，剛上托兒所也可能是一個原因。尿褲子時，孩子往往很不舒服，但又難以啟齒。

黛芬(Daphne)的父母收養了一個孩子。黛芬和哥哥知道父母收養另一個孩子是因為有太多的孩子沒有

人去愛護和照顧，他們想盡力去幫助這些孩子。起初，黛芬覺得家中有個小寶寶挺好的，但不久，寶寶就開始到處爬動，隨意移動黛芬的玩具，使得黛芬被迫停止遊戲。黛芬又開始尿褲子了，儘管她已將近一年沒有尿濕褲子。當問及為什麼又會這樣，她非常明白地回答道：「媽媽整天忙於照顧小蘇菲餵她吃飯、換尿布，只有當我也尿褲子了，媽媽才會過來給我換褲子，才會和我說話，這時她就顧不到小蘇菲了。」媽媽因此打算以後每天都抽出時間講一個故事給黛芬聽，從此黛芬就不再尿褲子了。

有些尿褲子的孩子對這一壞習慣似乎已無能為力了，父母也為此深感懊惱、沮喪和無助。有時，孩子這樣做似乎是為了故意讓父母感到丟臉和挫敗。如果情形已經很緊張，隨時都有可能產生衝突，父母可能會對孩子大發脾氣，那最好去詢問家庭醫生的意見。

上述所有的行為表現都可能會發生在三歲幼兒的成長過程中。這個階段的幼兒會有更多的時間待在家庭以外的地方，做父母的人會覺得，別人一定以為孩子的所作所為都是父母教導的，因而會感到緊張與不安，認為人們會依據孩子的行為表現來評判做父母的成功或失敗。這種想法也會影響到孩子，促使孩子在外面有極佳的表現。但並不是任何時候都能有這樣好的效果，尤其是孩子感到緊張不安的時候，有時會大發脾氣，有時會變得極為膽小，甚至黏人而不願好好地吃飯，而且也會比平時更頻繁地尿褲子。

如果父母放鬆精神，充滿自信，那麼孩子也會表現得好一些。不管發生什麼事，重要的是要讓孩子做好充分的準備，並適時的給予鼓勵和讚賞。有可能的話，對那些重新回復的壞習慣採取一笑置之的態度。孩子如果能感覺到自我存在的價值，能感受到父母的愛，

他們也會想要盡最大的能力去取悅父母，雖然父母不一定能感受得到。

第四章

遊戲

　　幼兒總是整天忙於遊戲，這也正是令人羨慕的地方。瞧他們，無憂無慮，只要有的玩就行了。事實果真如此簡單嗎？其實，遊戲也有許多種方法和目的的。

　　遊戲可以單獨，也可以大伙兒一塊玩。但這個年齡的幼兒應該可以做一些配合性的遊戲，如：輪流盪鞦韆、溜滑梯，或一塊兒玩沙子等。這樣，快要四歲時，幼兒就會有更進一步的玩法，如：交換玩具、遊戲，甚至還可以彼此溝通想法。玩可以有很多種方式，

每種玩法對幼兒的身心健康都是有幫助的，重要的是幼兒可以在遊戲中遠離現實，進入他們自己似幻似真的世界。

《柳樹間的風聲》(*Wind in the Willows*)

第一章

田鼠摩爾(Mole)再也聽不到小老鼠在說什麼了。他已完全沈浸在他的新生活中，陶醉於晶瑩的波光、香氣、濤聲及陽光之中，他在水裡划著爪子，浸淫在美夢中。

第七章

田鼠摩爾靜靜地站著，陷入了沈思。像是個突然從美夢中驚醒的人，試著回憶夢裡的情景卻徒勞無功，只覺得夢境很美、很美。直到夢境消逝，他不得不痛苦地接受醒來的事實及現實中的悲傷。田鼠摩爾在努力回憶他那美麗的夢境之後，只能傷感地搖搖頭，隨小老鼠而去。

《柳樹間的風聲》是一個虛幻世界的故事。在這個故事中，田鼠摩爾不停地做夢，假設，想像，直到他自己也分不清什麼是真的，什麼是假的，讀者也分不清。

幼兒喜歡聽故事，漸漸地，他們也學會自己講故事。他們的故事有各式各樣的內容，可以是有教育作用的，有模仿別人的，也有自己編造的。

給孩子講故事可以培養幼兒的想像力，如為故事虛構景物、人物、聲音、情境及氣味等，這種想像力對孩子是十分有建設性的。雖然收錄音機也會講故事給孩子聽，但與父母相比，它們缺乏與孩子之間的親切感和交流互動。當然，幼兒仍然會在電視和錄影帶上花費很多時間。電視和錄影節目可以是有教育作用的，也可以是模仿的，還可以是創造的，但是這種創造總是第二手的，因為故事首先是出自於作者的大腦，

而不是孩子們自己的。因此，這對幼兒想像力的培養沒有多大的幫助。幼兒的學習能力很強，但從電視和錄影帶上學習只會將幼兒變成一個被動的接受者，而不是參與者；是一個世界的旁觀者而不是創造者。

狄恩(Dean)的父母很為他擔憂，因為在電視和錄影帶上他花了太多時間。他談論起電視中的人物就好像他們是現實中真實的人物一樣。他們居住在一幢高層公寓的二樓，除了他們狹小的房間，能夠讓狄恩玩的空間非常有限。三歲半時，狄恩上了托兒所，那兒有一個可供玩耍的地方。起初，狄恩和爸爸媽媽都對新環境有一份憂慮，一個星期後，狄恩卻是活蹦亂跳，欣喜異常，不停地對爸爸媽媽談論他的新朋友，詳細描述所有他玩過的遊戲，還說托兒所裡到處都是妖怪、巫婆和會噴火的恐龍。他還會為每天帶回家的畫圖作品、建築模型、剪下來的圖片深以為傲。在家裡他還

不厭其煩反覆地唸著在托兒所裡，他用了硬紙盒、紙張、顏料還有管子做成了什麼。早被他丟在房間角落的東西，諸如：便條紙、蠟筆盒等也重新受到了他的青睞。爸媽心裡的石頭總算放下了，現在的狄恩，忙得沒有時間去看電視和錄影帶了。

　　每個幼兒都會玩模擬遊戲或模仿現實生活中的、或者是故事中的、夢想中的事。連爸爸、媽媽、醫院、學校、最近瘋狂著迷的電視卡通、超人等等都會在模

擬遊戲中出現。這種遊戲對兒童來說是有益的，因為透過這些，孩子可以嘗試事物的不同結局，還可以透過遊戲與別的孩子或大人們交流對事物的看法。

創造性的遊戲對兒童是必要的。孩子喜歡將水彩顏料、泥巴、沙子等塗抹在玩具或家用物品上，他們還會用紙箱、桌子及毛毯建造防空洞和自己的小屋。

創造性的遊戲很容易變成充滿幻想的遊戲，兒童需要一個沒有現實也沒有理性控制的世界來躲藏。這種遊戲是由幼兒自己虛構出來的。在遊戲時，他們虛構了一個夢幻的、充滿神話及傳說的世界，此時，孩子們彷彿置身於現實與虛幻交界，混沌不明的地方，並完全沈浸於自己的想像之中。對孩子們而言，能有這麼一個世界讓他們去探究自己、發揮自己的想像力，是必要的。但也應用時間去幫助他們擺脫這種假象，提醒他們只有五分鐘或十分鐘的時間。這樣，他們就會

及時回到現實世界中。以某種角度看來，這種遊戲類似幻想的白日夢。

　　另外一種常見的活動是具有教育意義的遊戲，這也是父母和社會團體竭力推薦的。兒童需要激發和活動，但他們畢竟也需要時間來放鬆自己。三歲的幼兒能手眼並用的玩具有小郵筒、穿線珠子、裝上線和堅果的魚竿、逐漸變小的木桶、鐵槌與木釘等，所有這些都能培養孩子眼睛和手的協調能力。此外，結構性的玩具，如「德普羅」、「樂高」、大型的塑膠或木製積木，甚至還有須依序組合的樂高玩具，凡此玩具皆能培養幼兒的協調、預期和計劃的能力。另外一些玩具則可用來訓練孩子的思考能力，促使幼兒能分辨形狀、相似及相異性，例如：各式各樣的郵筒、簡單的拼圖、骨牌、玩具黏土、以及可動手製作的剪紙與貼紙等。

郝莉瑪(Halima)忙著用積木搭一座塔。比她長得結實的五歲的哥哥卻把它弄倒了。郝莉瑪幾乎哭了出來，不過還是忍住了，並重新搭了一座房子。哥哥在玩玩具黏土，做了幾個人物模型。郝莉瑪搭的樓房有牆、屋頂和兩個房間。當鄰居三歲的馬克(Mark)進來時，郝莉瑪和哥哥正把人物模型放進屋子裡。馬克把他去歐洲迪士尼樂園帶回來的一些迪士尼的玩偶和米老鼠、米妮及布魯托放進屋子裡。他們開始數共有多少個玩偶，數到七時，郝莉瑪和馬克數不下去了，但哥哥卻急切地想教會他們。然後，他們三個開始研究每一個玩偶的顏色。這時，搭建的房屋早已被他們遺忘，而那堆骨牌又被他們重新堆在地上忙著拼湊。媽媽進來喊他們去喝下午茶，又累又餓的孩子們衝進廚房，喝下午茶去了。他們搭建的房屋及玩的遊戲，雖然只是孩子之作，但若仔細察看，便會發現還頗複雜

的。這些東西也許被視為一種遊戲，雖然的確是一種遊戲，但遊戲的每一個階段都代表了一種不同的學習經驗，表現了每個幼兒不同的個性發展。

幼兒單獨玩耍和團體遊戲都有著不同的娛樂方式。在團體活動中，三歲半的幼兒會做一些模擬遊戲。例如：自己當媽媽，洋娃娃做孩子，她開始教訓孩子：「你是一個淘氣的孩子。」「為什麼不吃飯?」如果有個孩子想加入，那麼，他就要代替洋娃娃當小寶寶，另一個孩子也想參加的話，就可以扮成爸爸，組成一個家庭，這樣，他們就玩起家家酒的遊戲了。「我們外出野餐吧!」一個孩子提議並拿出了他的茶具，而另外一個孩子則建議去「溫蒂屋」(Wendy House)玩做飯的遊戲。接著，就看孩子們是否仍停留在模擬的遊戲上或是將遊戲發展得更有創意。

孩子們決定去野餐，他們的野餐就像一個茶會。

在野餐中，一個孩子提起了「我的小馬」中的角色，另外一個孩子應聲附和「烏龜」的角色，於是他們便開始全心地投入了這場遊戲，孩子們有的扮演小馬，有的扮演烏龜，這些都是好人，還有扮演壞蛋的。遊戲中有攻擊、打鬥，還有冒險活動。其間，小馬和烏龜們都曾被壞蛋抓去，但終又被解救了出來。大部分的孩子都加入了這個遊戲並擔任不同的角色，其中，壞蛋是他們自己想像出來的。

可見，遊戲已轉變成了一種充滿想像力的活動了，因為孩子們已經在充分運用他們的想像力。遊戲起初是模擬的，後來孩子們不斷提出新的主意，用自己的想像力豐富遊戲的內容。孩子們扮演不同的角色，女孩子演女的，但有時也可反串扮演男的；男孩們也一樣，演男的，也演女的。就這樣，在他們共同創造的想像世界中，無論是男孩或是女孩都有了不同角色的

體驗。

無論是獨自玩耍還是共同娛樂都能見到這種娛樂方式的轉變和發展。在共同娛樂中，包括了分配、協商各自所要扮演的角色，如何共同合作度過一個美好的娛樂時光。那就是遊戲的另一個好處——學習社會交往和與人相處的經驗，這是在遊戲的同時所得到的成果。每次遊戲後，孩子們會有一種不同的感受，即在群體活動中所獲得的樂趣比自己獨自玩耍要要多得多。

如果你能花點時間從旁觀察孩子們的遊戲，你對孩子就會有更多的瞭解。人們往往以為幼兒參加娛樂活動需要鼓勵，需要給他們提供意見甚至必要的組織。其實，幼兒在遊戲之初也許需要一些建議，但一旦進入遊戲活動中，他們往往會遵循自己的想法，使遊戲繼續下去，他們常常能自覺的由一種遊戲轉為另外一

種遊戲方式。因而，任由孩子們玩耍，自己則靜靜地坐在角落裡觀察和探究，這樣會增進你對自己和孩子的瞭解程度，這過程是相當迷人的。

第五章

一些有趣的問題

寵物

「媽媽，我想要一隻小狗／小貓／小白兔。」當三
歲的孩子向你提出這個要求時，做父母的該如何回答
呢？回答「不行」太殘忍！回答「行」往往又不可能

——到底該怎麼辦呢？當然，這取決於很多條件，譬如適當的生活空間以及大人有時間去照顧，但關鍵是父母自己是否想要一隻寵物。

對三歲的幼兒而言，有一隻寵物是既有益又有樂趣的事情，因為他們可以從中學會承擔責任。譬如：每天要記住給寵物餵食，帶寵物出去活動活動。學會清掃寵物的糞便，清掃寵物籠或小貓咪睡覺用的墊圈等。

蘇茜(Susie)多次向爸爸媽媽提出想要一隻小狗的要求。父母感覺到很內疚，因他們的住所實在太狹小，再說爸爸整天忙於工作，媽媽則須兼職。蘇茜很傷心，因為她是一個獨生女，所以很寂寞。父母最後給她買了一隻裝在籠子裡的大老鼠。連續幾個星期大老鼠都活蹦亂跳的，但是，有天早晨，大老鼠死了。於是，爸爸媽媽便利用這件事對蘇茜談到了死亡，告訴她每個人早晚都會死的，活著的人會為死去的親人而悲痛難

過。蘇茜感到這很難理解，她不知道接著輪到誰了，大老鼠在天堂好嗎？我們什麼時候會死呢？奶奶去世時會和爺爺去世時一樣嗎？但不久，蘇茜便忘了這件事，而且又想要一隻寵物了。

蘇茜的父母對小狗實在不感興趣，因為他們實在沒有時間去照顧牠，所以，他們決定給蘇茜買了一隻小兔子。這隻黑白相間的迷你兔一下子吸引住了全家。兔子在兔籠中非常舒適，顯得極為可愛，牠喜歡被人輕輕地撫摸，也不會製造問題。蘇茜不愛清掃兔籠，但會準時餵食，並逗著牠玩。大家似乎都為買一隻小兔子取代小狗作為折衷方案而深感滿意。

度假：陌生的地方

　　約翰(John)問媽媽：「其他人都要外出度假，我們去哪兒呢?」媽媽告訴他由於去年沒出去，所以今年將外出度假，約翰非常興奮。

要確定告知孩子做好外出度假準備工作的最佳時間並不容易。如果太早了，孩子會忘記，到出發的那天會感到意外，或者變得緊張焦慮。如果太遲了，孩子會來不及準備。外出度假雖然開心，但也很緊張。

快四歲的亨利(Henry)在外出度假歸來的路上說：「要到家了，太高興了，家裡有自己的東西，自己的床，太棒了。」

不管旅行的時間有多長，也不管是坐火車、坐船還是搭飛機旅行，都應該做好周密的計劃，以及萬全的準備。如果帶三歲的幼兒外出旅行，那就會有很多的行李、衣物、玩具和食品。如果假日去探望別的家庭，聽起來似乎要簡單方便一些，但那兒有令孩子陌生的床，或者還得與別人共住一個房間，甚至可能還有完全不同口味的食物。如果到國外，那麼，食物、水和氣候都會全然不同。雖然三歲的幼兒喜愛冒險──

外出度假也是一種冒險，但他們仍會感覺疲乏。因而，旅行結束時，他們往往已經精疲力盡，並且會哭喊著要求回家或不願再動一下。在這種情形下，父母會覺得外出度假很不值得。但願第二天早晨一切都會好轉，但也許要好幾天。儘管很累，但是，陌生的床，陌生的房間，也許旁邊還有陌生的噪音都會讓三歲的幼兒及其父母睡不好覺的。

旅行也可以是度假的一部分。無論是坐車或是搭飛機旅行都應該做好充分的準備，因為難以預料的事情隨時都可能發生。所以，要準備些便於攜帶的食物，如小塊三明治、小番茄、胡蘿蔔片，還有香蕉或蘋果，當然，還要帶上一些洋芋片和餅乾，飲料和甜點也十分需要，別帶巧克力，它會弄髒手，而且吃了孩子會口渴。帶點葡萄乾或類似的東西也是可取的。被安全帶繫在座位上的三歲孩子需要不斷的娛樂活動，可以

讓他們玩玩遊戲，或者給他們蠟筆和小畫板讓他們畫畫。當然，但願有些時候他們是睡著的。

三歲的幼兒往往對陌生的地方感到驚奇。城市裡的孩子會覺得鄉村生活有許多不便之處，乳牛、綿羊以及馬群都讓他們感到害怕。而鄉村的孩子同樣也會對城市的噪音、擁擠的交通和人潮感到不知所措。譬如：鄉村的孩子來到倫敦，穿行於地下通道時會很興奮，但也會害怕。

珍(Jane)是一個健康可愛的三歲孩子，她的旅行將穿越北大西洋。他們帶了很多的圖畫、飲料及食物，去機場時很順利，候機時也沒遇到什麼麻煩。登上飛機後，飛機引擎發出的巨響和尖鳴令人感覺煩躁，但在座位上安頓好後，很快就沒事了。空中小姐服務很周到，一會兒就將餐飲送到乘客手中，吃吃東西、睡覺、玩耍，時間也就過去了。飛機降落時就比較麻煩，耳

朵痛以及下降時帶來的顛簸使珍又哭又叫，但很快他們就下飛機了。然後排著長隊等候入境令人緊張，每個人都累極了，隊伍移動得很慢。珍的父母也十分疲倦，手中抱著的珍也似乎越來越沈重，但珍實在累得走不動了。當他們走出了機場大樓，坐車到酒店時，珍就睡著了，到酒店後有很多忙亂的事，儘管珍一下子倒頭就睡，不過當晚還是過得不好，整整一天一夜，珍才慢慢恢復平靜。

在此同時，珍的朋友凱斯(Keith)則去了西班牙，他的旅行就容易多了，但他一直難以適應炎熱的日光、沙灘、大海及擁擠的人群。過了很長的時間才將自己調整過來。

慰藉之物

「媽媽，托兒所的阿姨為何老是不讓我吮手指?」

或「媽媽，我為什麼不能拿這床毛毯到托兒所?」

大多數幼兒需要某種形式的慰藉物。有些幼兒會

利用一些看不見的東西，比如，嘴裡嚼舌頭；但更常見的是一床毛毯或一件衣服 —— 其中一些往往是媽媽用過的。對孩子來講，拿著它，聞著上面散發的氣味並輕輕地撫摸它，會產生一種安全感。增強信心並得以撫慰。但大人們則感到很不舒服 —— 他們認為那些東西既髒又難聞 —— 但如果將它洗乾淨，孩子會為此感到苦惱。如果哪一天遺失了，那麼對孩子來說簡直是一場大災難。

爸爸媽媽帶克莉斯汀(Christine)去探望爺爺奶奶，他們需要開著大約一個半小時的車才能到達。克莉斯汀隨身攜帶了一床藍點、邊上綴有絲帶的毛毯。一切都很順利，無論是在旅途中還是在爺爺奶奶家，儘管那兒有很多陌生的大人和小孩。到了晚上，她坐在沙發上打起了瞌睡，離開的時候她是被抱進車裡的。快到家時，克莉斯汀發現那床毛毯丟在爺爺家了，於是

她哭了起來，怎麼哄她都無濟於事。到家後，爸爸媽媽商量了一下便給爺爺打個電話，然後費了很大的勁才讓克莉斯汀安靜下來。第二天，爸爸和爺爺各自開車到中途指定地點碰面，才拿回了那床藍色毛毯。

拇指也能用來當成慰藉物，而且也不會遺失，但問題是幼兒吮拇指會成為一種習慣很難改善。一些幼兒對吸吮拇指是如此地喜歡，以致不願參與別的孩子的活動。有時他們不知道自己又在吮拇指了，大多數幼兒都能改掉吮拇指的習慣，但要強迫三歲幼兒這麼做並不容易。可以採用鼓勵和轉移他們注意力的方法，但是，一旦孩子覺得疲勞或睡覺時，他們仍會吸吮拇指。

面具也常常困擾父母，好在三歲幼兒在夜晚睡覺時會將它壓在枕頭底下，如果整天戴著面具就麻煩了。當孩子身體不舒服或疲勞時，輕輕地將面具拿開對孩

子是有幫助的，它應能被接受。這樣子有時候，至少在白天，能夠幫助孩子變得堅強，並且不再想著面具。父母要仔細考慮孩子的需要，面具為何那麼重要，或者這只是一個習慣而已。

令人尷尬的問題：男孩和女孩

「爸爸，為什麼我是個男孩？」或「我為什麼是個女孩？」「我能像媽媽那樣生一個寶寶嗎？」孩子們似乎很早就懂得他們是男孩子或女孩子。到三歲時，幾乎所有孩子都已知道這點，當然，他們並不清楚男孩、女孩意味著什麼。

雪琳（Shirine）對媽媽說：「我和你一樣是個女孩，對嗎？你肚子裡有一個寶寶，那麼我肚子裡也會有一

個寶寶囉。」媽媽肯定她是個女孩的事實。但媽媽已是成人了，所以能夠當媽媽，肚子裡會懷有寶寶；雪琳的肚子裡也有一個空間可容納寶寶生長，只是現在，她還太小，不能生育寶寶，要長大以後才能當媽媽。

　　麥克(Marc)問媽媽他能否和雪琳的媽媽一樣也有一個小寶寶在肚子裡。媽媽向他解釋說他的肚子裡是不能孕育寶寶的，但長大後他會和一位女孩共同生育一個寶寶。媽媽還告訴他，等雪琳長大後，雪琳可以

生寶寶。麥克又問媽媽是不是他的小鳥可以生寶寶，媽媽點頭同意，並且說要等他長大後才能生育。媽媽問麥克是否會想和雪琳或爸爸媽媽共同生育小孩？麥克回答說他想過，媽媽說她能理解，因為麥克是那麼地熱愛爸爸和媽媽，但令人遺憾的是麥克不能這麼做，不過，等麥克長大後，他會和一個女孩，或許是長大了的雪琳共同生育寶寶。

離婚與分居

馬克(Mark)帶著凱蒂(Kate)一同回家，他告訴媽媽凱蒂的父母決定分居了。「噢，天哪！」媽媽說：「凱蒂，你一定很難過。」凱蒂告訴馬克的媽媽：「他們老是吵架，媽媽說情況會好轉的，現在她和爸爸已不再

争吵，他們分居了，但我還是可以經常見到爸爸。」

三分之一的婚姻往往以離婚告終，而這種崩潰的家庭往往會影響孩子。

如果三歲幼兒的父母離婚了，孩子會變得十分沮喪，但如果處理得好，孩子仍能與父母保持密切聯繫，那對孩子造成的傷害也許會小一些。如果父母不停地爭吵，甚至動手打架，並將孩子捲入，那將會給孩子帶來莫大的傷害。三歲的幼兒面臨下面的情況也會沮喪不已，例如：搬家、換新的朋友，以及由於明顯的家庭收入問題使得照顧他們的親人，不得不整天工作而將他們交給別人照顧，所有這一切給孩子造成的傷害都是難以彌補的。

令人遺憾的是，在分居或其他的情形之下，孩子與大人之間可能存在著一些不適宜的性接觸問題。確實有許多關於幼兒遭受性虐待的報導。許多大人為替

孩子洗澡、換衣等問題緊張不安。三歲的孩子非常可愛，且漂亮迷人，他們已有強烈的自我意識，尤其在大人身邊時，這種意識更強烈，希望大人們對他們有所回應。值得提醒的是對孩子的熱愛之中，有時會夾雜著一種對異性的情感，千萬不要表露出這種感覺，大人們應該控制住自己，並保護孩子的安全。因此，如果你覺得擔心或是有一種想要緊緊擁抱撫慰三歲孩子的感覺時，最好不要與孩子共同沐浴。當然，大人們

也必須向孩子表達出你對他們的愛和關心，因為孩子需要這些。要記住的是即使是與孩子有身體的接觸，也要以孩子的立場出發，大人們必須對孩子的要求和需要能有敏感的反應。

所有關於分居的問題都是令人尷尬的，這些問題會引起大人的情感波動。做父母的可能需要與他們的父母或親近的朋友商量該以什麼樣的方式讓孩子瞭解。讓孩子知道得太多是無濟於事的，然而不理會孩子會讓孩子感到迷惑。簡單扼要會比較清楚，但當孩子突然發問，要想出如何回答並不容易。因此，應該花點時間好好思考，如果需要的話，多與孩子溝通詳談幾次是必要的。

結論

　　所有三歲孩子都是令人疼愛又令人感到心力交瘁。他們精力充沛、慾望強烈，對事物的投入與熱愛，如同一種珍貴的天賦，但往往很快的就變得不再如此

強烈，因此在這個階段，要儘可能地放鬆自己，並且把孩子視為一種樂趣。要知道這個時期很快就會成為過去。這樣的生活也許令你感到似乎永無止境，每週都是一段漫長的時光，不過，這只是一種幻覺。緊接著你馬上就會面臨孩子對外在世界和學校的渴望。能撐過這階段，並與孩子共度美好時光終究是值得的。當然，三歲孩子會生病，也會帶來一些麻煩，當他感到整個世界好像快要塌下來，或是事情讓人難以忍受時，不久陽光又會重新照耀，困難、疾病全都遠離，你和孩子又開始了新的探索，開始下一個的冒險活動了。

參考資料

☐ *The Making and Breaking of Affectional Bonds*, John Bowlby, Tavistock Publications, London, 1979

☐ *Playing and Reality*, D. W. Winnicott, Tavistock Publications, London, 1971

☐ *Child's Talk*, J. S. Bruner, Norton, 1983

☐ *The Magic Years*, S. Fraiberg, Methuen, 1968

☐ *The Child, the Family and the Outside World*, D. W. Winnicott, Penguin Books, 1964

協詢機構

☑中華兒童福利基金會臺北家扶中心

(02)351-6948

臺北市新生南路一段160巷17號

☐臺北市私立天主教附設快樂兒童中心

(02)305-8465, 307-1201

臺北市萬大路387巷15號

☐臺灣世界展望會

(02)585-6300 轉 230~231

臺北市中山北路三段 30號 5F

□財團法人中華民國兒童福利聯盟文教基金會

(02)748-6006

臺北市民生東路五段 163-1號 3F

□財團法人臺北市友緣社會福利事業基金會

(02)769-3319

臺北市南京東路 59巷 30弄 18號

□財團法人臺北市覺心兒童福利基金會

(02)551-6223, 753-5609

臺北市中山北路二段 59巷 44弄 3號 1F

□財團法人臺北市聖道兒童基金會

(02)871-4445

臺北市天母東路 6-3號

□臺大醫院精神科兒童心理衛生中心

(02)312-3456 轉 2390

臺北市常德街1號

□中華民國兒童保健協會

(02)772–2535

臺北市忠孝東路四段 220 號 8F

□中華民國兒童保護協會

(02)775–2255

臺北市延吉街 177 號 8F

□中國大陸災胞救濟總會臺北兒童福利中心

(02)761–0025, 768–3736

臺北市虎林街 120 巷 270 號

□財團法人中國兒童福利社（附設諮詢中心）

(02)314–7300~1

臺北市中正區武昌街一段16巷 5 號

三民書局在網路上與您見面囉！

從此您再也不必煩惱買書要出門花時間
也不必怕好書總是買不到

有了三民書局網路系統之後
只要在家裡輕輕鬆鬆
就好像到了一個大圖書館

全國藏書最齊全的書店
提供書籍多達十五萬種
現在透過電腦查詢、購書
最新資料舉手可得
讓您在家坐擁書城！

● 會員熱烈招募中 ●

我們的網路位址是http://sanmin.com.tw

做孩子一生的朋友

~親子叢書系列~

—— 父母的成長從瞭解孩子開始 ——

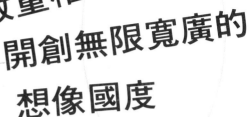

釋放童稚的心靈
開創無限寬廣的
想像國度

■中英對照

伍史利的大日記
── 哈洛森林的妙生活 I、II ──

Linda Hayward著

本局編輯部　譯

趁著哈洛小森林的動物們正在慶祝
著四季的交替和各種重要的節日時
，讓我們隨著他們的腳步，一同走
進這些活潑的小故事中探險吧！

活潑逗趣的精彩內容
讓您回味兒時的點點滴滴

給大孩子們的最佳獻禮

※中英對照

100%頑童手記
陸谷孫譯
Wilhelm Busch著

且看頑童又會想出什麼惡作劇的點子？惡作劇的下場將是如何？七個惡作劇故事的連綴，將有您想不到的意外發展……

非尋常童話
陸谷孫譯
Wilhelm Busch著

由中、英兩種語言寫成流暢的雙行押韻詩，串連起一篇篇鮮活的「非尋常童話」。

—簡明的文字
　精美的插圖
　　最受孩子們歡迎的
　　　故事書—

～救難小福星系列～

Heather S Buchanan著
本局編輯部編譯

①魯波的超級生日
②貝索的紅睡襪
③妙莉的大逃亡
④莫力的大災難
⑤史康波的披薩
⑥韓莉的感冒

• 三民兒童讀物伴您和孩子度過成長歲月 •

繽紛的童言童語

照亮孩子們的詩心詩情

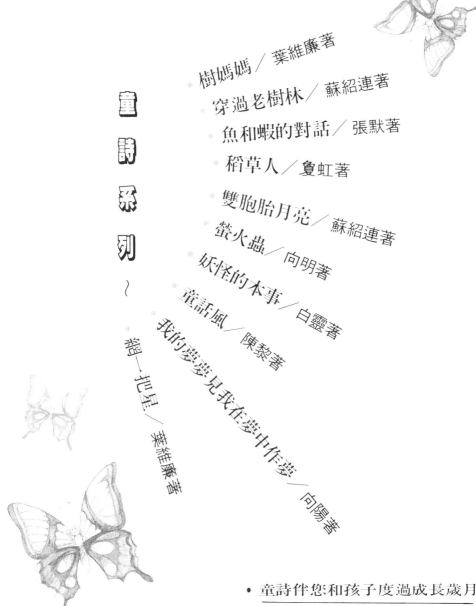

• 童詩伴您和孩子度過成長歲月